S.th
15400

LE RETOUR

DU

FUMISTE

TRAGI-COMÉDIE.

LE RETOUR

DU

FUMISTE

TRAGI-COMÉDIE.

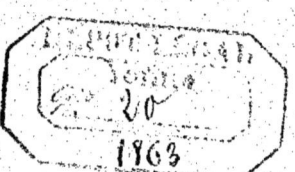

1863

PERSONNAGES.

LE CHAPEAU GRIS.
BARDINET.
ZOÉ, sa femme.
LE FUMISTE.
UN CADI.
LE PEUPLE.

LE RETOUR DU FUMISTE

TRAGI-COMÉDIE.

Une place publique.
SCÈNE Ire.

BARDINET *seul, surmonté d'un chapeau gris.*
Je suis content, ma foi! comme un second Titus.
Ma journée est remplie à souhait! mes vertus,
En ce monde vraiment, touchent leur récompense.
Mais c'est à me frotter le ventre, quand j'y pense.
Pensons-y! Tout m'invite au monologue... J'ai
Fait mille choses; j'ai déjeuné, j'ai rangé!
J'ai presque appris par cœur les nouvelles diverses
Sur mon journal; de peur des prochaines averses;
J'ai consulté, tout seul, mystérieusement
Le baromètre, et j'ai l'espoir le plus charmant.
Il fera du soleil s'il ne fait de la pluie.
Dédaignant le repos de l'homme qui s'ennuie,
Je suis resté, d'un air simple et grand à la fois,
Souriant aux mortels qui me sciaient mon bois.
J'ai vu rentrer chez moi le fruit de ma vendange.
J'ai relu trois cents vers de monsieur Viennet; l'ange

Qui me sert de femme a gentiment, sans façon,
Comme je la pinçais murmuré : « Polisson ! »
Ce mot m'a rappelé mes antiques fredaines,
Le temps des landrirys et des faridondaines,
Quand avec Paul, Oscar et la grosse Amanda,
J'allais au bal Mabille... Heureux qui s'amenda.
Tel est mon cas... mais sans vaine réminiscence,
Au bonheur actuel, bonheur plein d'innocence,
Revenons ! j'oubliais mon plaisir le plus vrai
De ce jour, et celui duquel je m'enivrai
Comme d'un vin nouveau de la côte Saint-Jacques.
Pour la première fois peut-être depuis Pâques
Du matin jusqu'au soir, aussi fier qu'un iman,
J'ai porté ce fidèle et rare talisman,

   (Il désigne son chapeau qu'il prend dans ses mains et
    contemple avec amour.)

Ce chapeau qui jamais n'eut de teintes malingres,
Idéalement gris, plus gris qu'un tableau d'Ingres,
Confident de mes deuils, compagnon de mes jeux,
Témoin de mes pensers rarement orageux,
Couvre-chef qui pour moi seul a l'éclat d'un astre,
Cher présent du hasard, épave d'un désastre,
Qu'un fumiste annexant la misère à son sort
En dépôt me laissa. Ce fumiste est-il mort ?...
Il doit l'être !... Sinon, saisis d'un effroi sombre,
Mes cheveux sentiraient se dérober dans l'ombre
Leur ami... Que ne l'ai-je à mon crâne cloué ?
Moi rendre ce dépôt ! je me croirais floué : [que.
De tels soupçons vraiment sont plus froids qu'un toxi-

Bah! le Piémontais de l'Inde ou du Mexique
Ne reviendrait jamais pour un chapeau crasseux
A son départ, encor très-sale, mais de ceux
Qu'un flot immesuré d'amour nettoie et baigne.
Allons donc! comme dit Lucain, qu'un autre craigne
Le fumiste retour de je ne sais pas où!
Mais moi, j'ai du bon sens! je ne suis pas un fou,
Un sculpteur, un faiseur de vers, un anarchiste.
Tu ne reviendras point... Mais reviens donc, fumiste,
Attends un peu, mon bon! Oh! je ne te crains pas,
Je dormirai mon soûl et ferai mes repas,
Mon chapeau sur ma tête, et si jamais il bouge,
Je consens à marcher front nu jusqu'à Montrouge!

SCÈNE II.

BARDINET, *absorbé et triomphant;* LE FUMISTE *s'avançant d'un pas prudent.*

LE FUMISTE, *à lui-même,*

Voici l'homme! soyons plein de duplicité :
A Bardinet.
Monsieur, dans cette vieille et superbe cité,
Peut-on savoir où loge, habite, perche ou niche
Un certain Bardinet, vertueux quoique riche?

BARDINET. [pect!
Ce monsieur Bardinet, c'est moi. (*à part*) Quidam sus-
LE FUMISTE.
C'est que je suis venu, sauf votre respect.
(Il fait l'embarrassé.)
BARDINET.
Un être est dangereux qui se gratte l'oreille.

LE FUMISTE *se découvrant et se montrant de face.*
Çà, me reconnais-tu?

BARDINET.
Pas possible.

LE FUMISTE.
Ma vieille,
Embrassons-nous.

BARDINET, *à part.*
Il sent l'absinthe horriblement.

LE FUMISTE.
Tu manques de chaleur et d'extase! Comment
Tu ne me connais pas... ce procédé m'assomme,
Je croyais suffisant de surgir! je me nomme
Pascal Marmottini, fumiste. Qu'en dis-tu?

BARDINET.
Je ne sais plus...

LE FUMISTE.
L'hymen aurait donc la vertu
De te faire oublier un compagnon de noces?
Ton épouse t'a fait des allures féroces.
Aurais-tu par hasard — je te l'avais prédit,
De ces chocs du destin dont le front s'agrandit,
Le caractère en souffre... Au reste, je m'en fiche.

BARDINET.
Monsieur, vous insultez ma femme...

LE FUMISTE
Triste biche
Qui change un électeur, que j'estimais beaucoup,
Pour l'occiput en cerf et pour le cœur en loup.

BARDINET.

Monsieur...

LE FUMISTE.

Depuis six ans...

BARDINET.

Vous êtes un fumiste.

LE FUMISTE.

Ah! tu me reconnais enfin; ce n'est pas triste!
Croyais-tu que je fusse un faux Marmottini?

BARDINET, *à part.*

Soyons prudent pour mon chapeau; c'est bien fini.
Comme un nouveau royaume il faut le reconnaître.
Au reste, il aurait pu prendre le ton du maître.
Il n'en fait rien! je l'ai, ma foi! par trop brusqué.
    (Au Fumiste)
Vous me voyez, mon bon, vraiment interloqué.

LE FUMISTE, *à part.*

Patience! tu m'as reconnu, j'en prends acte.
    (A Bardinet)
Mais puisqu'à ce degré ta mémoire est exacte,
Te rappellerais-tu certain dépôt qu'un jour
Je te laissai, trésor couvé par mon amour,
Un chapeau?...
    (Bardinet essaie de retirer son chapeau.)
    (A Bardinet)
        Non! plus près et tes mains dans les miennes.
Ce couvre-chef, il faut bien que tu t'en souviennes,
Il était d'un beau gris...

BARDINET.

Oui, je sais, d'un beau noir.

LE FUMISTE.

D'un très-beau gris! je suis venu pour le revoir,
Pour le ravoir; j'ai fait tout exprès le voyage.
Où donc est ce dépôt? Qu'as-tu fait de ce gage?

BARDINET.

Je l'ai perdu.

LE FUMISTE.

Tu l'as perdu! rétracte-toi.
Ou tu meurs. Ce chapeau, c'est ma famille à moi..
Mon aïeul le légua moribond à mon père.
Il est tout imprégné des larmes de ma mère.

BARDINET *à part*.

C'est du pur Legouvé.

(Au fumiste)

Vraiment, je l'ai perdu.

LE FUMISTE *avec violence,*

Meurs donc.

BARDINET.

A l'assassin!

LE FUMISTE *avec emphase!*

Quel spectre inattendu
M'ordonne de frapper et de punir sur l'heure?
Le spectre du chapeau qu'en rugissant je pleure!
Il est là devant moi sous mes yeux, sous ma main,

(Il décoiffe Bardinet)

(D'un ton calme)

Et je te porterai, mon chapeau gris, demain!

BARDINET,

Mon chapeau sur son crâne, ah! c'est un mauvais rêve.
Jamais...

(Il essaie de saisir le chapeau.)

LE FUMISTE.

              Si tu le veux, je t'accorde une trêve,
Cinq minutes pour faire à ton gré tes adieux
A ce chapeau! je suis miséricordieux.
   (Il pose le chapeau par terre,)
Regarde, et ne va pas toucher! sinon, je cogne.

BARDINET.

O destins! ce fumiste a le droit de la pogne...

LE FUMISTE.

J'ai, s'il vous plaît, le droit du premier occupant,
Je suis un honnête homme et vous un sacripant,
Vous faites un étrange et vil dépositaire.
Tandis que je partais pour la rousse Angleterre,
Monsieur s'appropriait mon chapeau bien-aimé.
Mais le vrai Jud, c'est vous ; vous seriez bien nommé.
Votre propriété c'était le vol! à d'autres!
Vous faites les bourgeois rangés, les bons apôtres,
Vous comme vos pareils, et tonnez à grand bruit
Contre les gens adroits qui furètent la nuit.
Vous volez en plein jour comme un grinche exemplaire,
Sans craindre que jamais, au risque de déplaire,
La dupe ne revienne exprès par l'express pour
Prendre en flagrant délit votre rapt de vautour,
Et dire à vos grands airs de vertu qui me lassent :
« Vieux drôles, saluez les fumistes qui passent. »

BARDINET.

Comment, vous saluer? Rendez-moi mon chapeau.

LE FUMISTE.

Dis au moins le chapeau, si tu tiens à ta peau.

BARDINET *d'un ton plaintif.*

Le chapeau...

LE FUMISTE.

Franchement, n'en suis-je pas le maître ?

BARDINET.

Hélas oui !

LE FUMISTE.

Tu voudrais le ressaisir.

BARDINET.

Peut-être.

LE FUMISTE.

Explique-toi; sinon, je détale à l'instant.

BARDINET.

Ecoute ! je vivais renté, réglé, content,
Bien vêtu, mieux nourri, satisfait de l'épouse
Maigre qui m'est échue et même espérant douze
Enfants, s'il plaît d'ailleurs à la Divinité;
Rentier à trois pour cent, largement respecté
Chez tous mes bons voisins, bien avec mon vicaire
Comme avec mon curé; je te croyais au Caire,
Sinon au diable, et j'ai, fléau des passions !
Mis dans ce vieux chapeau mes prédilections;
Je le voyais si gris, je le sentais si ferme,
Sur ma tête immobile et fixe comme un terme :
Je me suis trop complu dans ce charmant objet;
Quand il quittait mon front, ma pensée y songeait;
C'était ma seule ivresse et mes seules délices.
J'aurais fait au destin de bien grands sacrifices,
Mais celui qu'à mon cœur il arrache aujourd'hui,

Jamais! j'ai tant rêvé de vieillir avec lui,
Et libre de soucis, flânant à l'aventure
D'errer parmi les champs et la belle nature
Avec ce Pythias de mon grave occiput.
Mais songer à le perdre! ah! mon âme ne put
Avoir un seul instant cette affreuse pensée.
Nous vivions tous les deux en paix quand s'est dressée
Ta vision, sujet du *galantuomo*,
De la fatalité morne frère jumeau.
Après un long exil surgissant comme Oreste,
Tu vins à moi, l'envie au front.... Tu sais le reste!

LE FUMISTE.

Je sais, moi, que le train de quatre heures m'attend.
Je pars..

BARDINET.

Arrête encor.

LE FUMISTE.

Que je suis bon pourtant.

BARDINET.

Grâce pour moi. Veux-tu ma mort?

LE FUMISTE.

Non! (*à part*) Il m'ennuie.

BARDINET.

Eh bien, rends-le moi donc ce chapeau.

LE FUMISTE.

De la suie!

BARDINET.

Si tu ne veux me voir lentement dépérir,
Et tout dépérissant finalement mourir,
Rends-le moi. Je me mets demain à la diète
Et je meurs. Roméo penché sur Juliette
Ne voulut pas survivre à cet ange adoré.
Crois-tu que, le chapeau disparu, je vivrai ?
Je suis passionné, va ! sous mes apparences
De calme, et ne sais pas survivre à mes souffrances,
Comme les Frétillons et les Roger-Bontemps.
J'ai quarante ans déjà. Crois-tu que j'ai le temps
De me faire un amour qui vienne comme en poste
Remplacer ce bonheur qui s'enfuit vers Aoste ?
Je mourrai ! Prends pitié d'un père, d'un mari.
On n'a donc vu jamais de fumiste attendri !
Je suis juste, cet être est utile à ta vie.
Garde-le. Ne crois pas, ami, que je t'envie
Cette joie inhérente à tes instincts secrets.
Avec lui permets-moi quelques rapports discrets :
Je veux que constamment ton crâne le promène.
Daigne t'en dessaisir une fois par semaine,
Le vendredi, ce jour où l'on fait maigre, un jour
Seulement laisse-moi mon idéal amour,
Et partage avec nous de façon léonine.

LE FUMISTE.

Mais je pars, mais je vais retrouver ma Nanine
Écaillère d'Aoste, aux bras appétissants,
Avec qui je m'apprête à convoler.

BARDINET.
　　　　　　　Deux cents
Partis sont plus huppés *dans ces lieux* (1) parmi celles
Qui vraisemblablement se prétendent pucelles.
Puis je te logerai, nourrirai, blanchirai,
J'accroîtrai ton pécule, ange, je t'aimerai !
Ma femme t'aimera ! Tiens! je vais être infâme,
Mais tout pour cet élu de mon cœur.... Prends ma
　　　　　　　　　　　　　　　　　　　　　[femme,
Prends mon bien si tu peux y trouver quelque appeau,
Mais pour mes vendredis laisse-moi mon chapeau.

　　　　　　　LE FUMISTE.
Bien le bonsoir.
　　　　　　　　　　　(Il s'éloigne.)

　　　　　　SCÈNE III.

　　　　　BARDINET, *seul*.
　　Arrête...
　　　　　(Il suit longtemps du regard le fumiste.)
　　　　　Il a fui comme un singe.
Une sueur de mort me glace sous mon linge,
Bien le bonsoir, m'a-t-il jeté. C'était adieu
Qu'il fallait dire, ô monstre envoyé par un dieu
Infernal pour ma perte. Ah! tu veux que j'exhibe
Ma résolution suprême, Caraïbe.
Moi survivre à la honte immense de mon front !

(1) Cette expression et quelques autres de même sorte témoignent d
l'admiration de l'auteur pour le genre qui a produit *Arbogaste*, et font à
style tragique la part qui lui revient dans toute œuvre bouffonne.

D'autres vendangeront et d'autres plaideront,
Tandis que Bardinet, plaint de la ville entière,
Dormira son sommeil dans le froid cimetière,
Et que son âme ira, libre du fossoyeur,
T'attendre, ô cher chapeau, dans un monde meilleur.
Je mourrai ! mais comment ménager ce passage?
Peut-être il me faudrait quelque trépas bien sage,
Bien correct, dont jamais ne glosât mon curé?...
Fi du respect humain : je me suiciderai.
A qui perd son chapeau reste-t-il des principes?
J'en avais; je les ai cassés comme des pipes,
Et pour m'exterminer tout moyen sera bon;
Lequel prendre? Le feu, le poignard, le charbon?
Le charbon sent mauvais et la lame est bien froide,
La pendaison, d'ailleurs, vous donne un air trop roide,
Et puis ma conscience est là qui, grommelant,
Me dit : Toi qui te fais trois mille écus par an,
Toi tu laisserais quatre orphelins, dont ta veuve?...
Décidément, je vais me jeter dans le fleuve!

SCÈNE IV.

BARDINET, ZOÉ.

ZOÉ, *qui a entendu ces derniers mots.*
Te jeter dans le fleuve !
   BARDINET, *sans se déconcerter.*
      Oh ! je suis bon nageur.
Et d'ailleurs je voulais soudoyer un plongeur
Qui m'aurait retiré des étreintes humides.

Tu me retiens en vain, en vain tu m'intimides.
Laisse ! Tu n'auras pas à me faire inhumer.
Que puis-je craindre enfin dans l'eau?...

ZOÉ.

       De t'enrhumer !

BARDINET.

Ce mot seul refroidit mon ardeur héroïque.
Sans être consolé je me sens moins stoïque.
Quittons cet appétit de mon propre danger ;
Mon front se vengera sur un front étranger.

ZOÉ.

Votre front ! Quelles sont ces sales équivoques?
Vous me prenez pour vos Aglaés !

BARDINET.

       Tu te choques
Malencontreusement, ma poule ; la cité
Entière sait tes mœurs et ta pudicité.
Ce front contre lequel ma tête se courrouce,
Est celui d'un affreux porteur de barbe rousse,
D'un fumiste !

ZOÉ.

   Un fumiste ! Et quel est ce mortel ?
Je n'ai jamais ici rencontré rien de tel.
J'ai vu des amoureux et des violonistes,
Des professeurs, jamais je n'ai vu de fumistes.

BARDINET.

Il en est un, hélas ! fatal à mon bonheur.
Prête l'oreille. Un an avant que le sonneur
Eût fait tinter dans l'air joyeux notre hyménée,

Cet homme traversa ma jeune destinée :
Il possédait un chic épatant, et, parmi
Des idiots, il fut promptement mon ami.
Oh ! de tous mes malheurs ce fut là l'origine ;
Et que n'ai-je plutôt attrapé quelque angine
Que cette connaissance à l'entour d'un billard ?
J'ai négligé pour lui Prudhomme et Citrouillard.
Que de vermouths payés par les grands soirs d'automne !
Que n'était-il plutôt un crétin monotone ?
Je l'aurais quitté ! Ce fut lui qui me quitta.
Mais avant de voguer vers un lointain Delta,
Il me vit, étouffant des pleurs de crocodile :
« Je vais loin, ô mon cher Bardinet, dans cette île
D'Albion où parfois on vit dans Gretna-Green,
Des fumistes en pleurs consumés par le spleen.
Il peut m'arriver plus d'une étrange aventure,
Malgré mes calembours et ma littérature.
Je consens à lutter : c'est le sort ici-bas
De tous ceux qui sont grands. Oui, mais je ne veux pas
Exposer avec moi, dans l'Albion traîtresse,
Un chapeau bien-aimé, frère, je te le laisse.
C'était mon chapeau gris, Zoé, tu le connais !

ZOÉ.

Ce chapeau qui d'ici jusqu'à l'Orléanais
N'avait pas son pareil...

BARDINET.

Ah ! tu comprends donc, femme,
Le charme de ce feutre et ses droits sur mon âme.
A lui je me m'attachais et bientôt je l'aimai.

Si frais en juin, si chaud en mars, si tendre en mai !
Je l'ai perdu.

ZOÉ.

Tu l'as perdu. Mais qui donc ose
T'enlever ce chapeau fait pour l'apothéose ?

BARDINET.

Le fumiste est venu le reprendre.

ZOÉ.

Voleur !

BARDINET.

Les honnêtes bourgeois ont vraiment du malheur.
J'aurais gardé ce doux trésor sans nul scrupule ;
Mais la gent des fripons en ce monde pullule.
J'aurais bien résisté, mais il est plus adroit
Et plus fort ; et d'ailleurs il se dit dans son droit.

ZOÉ.

Et la prescription, mon Bastien, tu l'oublies ?
Ah ! l'on verra plutôt ânonner à complies
Un chantre, un bijoutier prendre pour des rubis
Du strass, et les tailleurs bien coudre leurs habits
Que faiblir et lâcher, dans cette épreuve amère,
La femme, ô Bardinet, dont tu fis une mère !

BARDINET.

Toi !

ZOÉ.

Mon sang féminin dans mes artères bout,
Et d'une Jeanne d'Arc j'ai tout ou presque tout.
Va ! ne crains rien, c'est moi qui lui chanterai pouilles.
Les revolvers me vont bien mieux que des quenouilles.

Je vais, partant en guerre avec un cœur dispos,
S'il le faut, au lieu d'un, rapporter deux chapeaux.

SCÈNE V.

BARDINET, *seul*.

Je m'en contente d'un, cher ange, car je l'aime
Ce chapeau, ma vaillante, un peu moins que toi-même,
Plus que moi! tout mon être est métamorphosé.
Sans ma femme vraiment je n'aurais pas osé
Entrevoir, à travers une illusion verte,
La future splendeur de ma tête couverte ;
Ce héros en corset, cet Alcide en jupon
De l'audace aujourd'hui remporte le pompon;
Le journal qui dispense ou l'éloge ou le blâme,
S'il est impartial, glorifiera ma dame.
Puis j'ai certain projet : lorsqu'on fit mon chapeau...

SCÈNE VI.

BARDINET, ZOÉ, LE CADI, LE FUMISTE, *conduit par des gendarmes*, LE PEUPLE.

ZOÉ.

Au voleur !

LE FUMISTE.

Qu'on me lâche !

LE CADI.

Expliquez-vous.

LE PEUPLE.

A l'eau !

LE FUMISTE.
Vous me faites manquer l'express et ma Nanine,
Qui croque le marmot d'une dent fort canine.
Ce n'est pas drôle, ça ! Laissez-moi m'en aller.

LE CADI.
Halte-là, prévenu. Vous aimez à parler.
Vous êtes trop bavard pour n'être pas coupable ;
Soyez calme : je vais, assis à cette table,
Recueillir de chacun la déposition.

ZOÉ.
O mortel convaincu de votre mission,
J'affirme que cet homme, étranger à la ville,
Filouta, de façon déloyale et servile,
Le chapeau que sans cesse arborait mon époux.
Au front du ramoneur le reconnaissez-vous ?

LE CADI.
J'en conviens ! ce chapeau serait reconnaissable
Jusque dans les déserts où fourmille le sable.
Son gris-jaune a parfois des teintes d'amadou.
Pascal Marmottini, vous êtes un filou.

BARDINET.
Le terme est modéré pour ce socialiste.

LE FUMISTE.
Çà l'homme en robe, avant de m'adjoindre à la liste
Où Cartouche et Mandrin précèdent Dumollard,
Daignez m'interroger au moins.

LE CADI.
                              Il est trop tard.
La justice a vraiment un coup d'œil infaillible.

BARDINET.
J'aurai donc son chapeau.

LE CADI.
Son chapeau !

ZOÉ, *à part*.
Mot terrible.
Ah ! monsieur mon époux, modèle des benêts,
Je vous ferais danser, moi, si je vous tenais.
Mais tout n'est pas perdu !

LE CADI.
Quel est donc ce mystère ?

LE FUMISTE.
C'est que je suis à moi seul le propriétaire
Du chapeau dont il fut l'infidèle gardien.

BARDINET, *au cadi*.
Je le confesse, mais, après tout, c'est mon bien !
Cadi, si le hasard gratifia cet homme
De cet objet unique et merveilleux, en somme
Il y tenait fort peu, puisqu'il me l'a laissé.
Je l'ai gardé, je l'ai soigné, je l'ai bercé
Comme un ami, comme un enfant, comme une fille.
Ce chapeau gris était entré dans ma famille.
C'était le plus sincère entre tous mes parents,
Et ce monsieur revient, fort de droits apparents,
Me le reprendre comme on reprend une *chose*.
Ce chapeau, c'est une âme, un être ! J'en dispose
Pour son bonheur ! J'ai fait son éducation,
Je n'y touche jamais qu'avec componction ;
Et ce brutal viendrait, d'une main encor noire,

Le tordre, le pétrir ? Pour moi, je ne puis croire
Que si l'on consultait ce cher inanimé,
Pour son maître éternel il ne m'eût point nommé.
Si les chapeaux parlaient, comme jadis les bêtes,
Il n'hésiterait pas dans ce débat des têtes
Rivales, et saurait mesurer lestement
La distance du moins épris au mieux aimant !

ZOÉ.

Hélas ! on voit encore des bêtes harangueuses,
Mais les chapeaux seront toujours muets.

LE FUMISTE.

Tu gueuses
Un arrêt du cadi, ma bonne; il n'est plus temps.
Messieurs, puisque mon droit est prouvé, je prétends
Ne me morfondre pas le long de vos demeures.
Salut, peuple ! je pars pour le train de six heures !
Et je serai, ma foi ! dans Aoste lundi.
Madame, sans adieu ! Bien le bonsoir, cadi,
J'emporte mon chapeau.

LE CADI.

Tout beau ! laissez cet être,
Cette âme ; devant nous elle doit comparaître.
Nous nous conformerons sans murmure à son choix.

ZOÉ.

Soit, mais pour comparaître il lui faut une voix.

LE CADI.

Une voix ! Ce n'est pas là ce qui m'embarrasse.
Elle en possède deux peut-être.

BARDINET.
     Il me terrasse.
Cet arbitre est si fort que je n'y comprends rien.
Je suis intelligent pourtant.

LE CADI.
      Écoutez bien.
Il est une vertu dont toute chose hérite,
Celle de discourir en silence. Un spirite,
Et je le suis, messieurs et mesdames, vous dit
Que le langage à nul être n'est interdit,
Et que pour que le buis ou le satin pérore,
Il suffit de d'éveiller un mystère sonore.

LE FUMISTE.
Je dors.

LE CADI.
    Réveillez-vous donc pour écouter mon
Délibéré qu'aurait envié Salomon.
Puisque l'on a noté plus d'une fois les odes
Qu'échangent vers le soir guéridons et commodes,
Et que l'on interroge, à l'aide d'un crayon,
Les esprits dont le bois est l'humble amphitryon,
Je conclus que l'on peut, sans extrême imprudence,
Tout autour de ce feutre exécuter la danse
Accoutumée, et sur un rythme fort discret
Lui faire débiter son plus tendre secret.

ZOÉ. [rances
Eh quoi ! ce feutre gris, au poil chauve, aux bords
Dicterait au crayon ses vagues préférences?

(Le cadi se met en devoir de faire tourner le chapeau, peu à
peu ce dernier décrit des oscillations de plus en plus sensibles.)

BARDINET, *à sa femme.*

Laisse-le donc. J'approuve un tel délibéré.
Le chapeau peut parler ! Son choix est assuré.

LE FUMISTE.

Le punch est moins ardent que ma pensée en flamme.

LE CADI.

Messieurs, regardez bien ; regardez bien, Madame.
Le voyez-vous virer comme une plume au vent,
Ce chapeau qui ne fit jamais auparavant
Une concession aux efforts de Borée ;
On dirait à le voir une femme enivrée.
Il tourne, il tourne, il tourne, et comme un Mohican,
Il se désarticule en un vaste cancan ;
Et tantôt c'est la ronde amoureuse des Elfes.
Mais écoutez : ainsi que la Pythie à Delphes,
Le démon qui l'habite, indou, français ou grec,
Pour faire honneur à l'art du sieur Allan-Kardec,
L'esprit va s'énoncer diligemment à l'aide
De ce crayon que j'ai fixé.

(Il fixe un crayon sur le chapeau. Le chapeau fait des mouvements de plus en plus désordonnés. Le crayon se casse.)

Le crayon cède.
Le sujet se refuse au mode habituel.

LE FUMISTE.

Spirite, j'en conviens, mais peu spirituel.

LE CADI.

Il eût écrit avec l'orthographe de Marle.
Enfin il eût écrit, il eût écrit !

(Le chapeau pousse de petits cris.)

BARDINET.
Il parle!

LE CHAPEAU.
Hi!

BARDINET.
Quel bonheur exquis m'attend dorénavant ?
Il est digne de moi. C'est un chapeau savant !

LE CHAPEAU.
Hu !

LE FUMISTE.
Moi, je n'entends rien ; je crois qu'on extravague.

LE CHAPEAU.
Silence ! Comment donc voulez-vous que je blague
Si vous ne vous taisez, mais instantanément ?

LE CADI.
O triomphe !

ZOÉ.
C'est un miracle.

BARDINET.
C'est charmant !

LE FUMISTE.
Ah ! tu parles, mon cher, bonjour !

LE CADI.
Pas de grabuge.
Ne l'influencez point, fumiste, ou je l'adjuge
A monsieur...

BARDINET.
C'est bien dit.

LE CHAPEAU, *à Bardinet*.
Tais-toi, grand sapajou.

ZOÉ.

Qu'entends-je?

BARDINET, *au chapeau.*

Mais je suis ton adoré.

LE CHAPEAU, *à Bardinet.*

Vieux fou.

(Bardinet donne les signes du plus violent désespoir, le fumiste s'épanouit dans sa barbe rousse, le cadi rayonne dans une olympienne sérénité.)

LE CHAPEAU, *sur un ton dithyrambique.*

« O non ! je ne veux pas revenir avec toi,
« Mortel que pour jamais je désigne à l'effroi
  « Des chapeaux de ma confrérie,
« Lorsque tu chercheras chez des vendeurs nombreux
« De quoi rassasier l'appétit ténébreux
  « De ton occiput en frairie.

« Ta victime future, oh ! je la plains ! Il n'est
« Pas de sort plus funeste et de destin plus laid,
  « Pour un chapeau qui se contente
« De se sentir campé bravement de côté,
« Que d'être à tout moment du jour persécuté
  « Par une tendresse embêtante.

« A la fin c'est tannant d'être trop adoré,
« Que de fois dans ses mains tenaces j'ai pleuré
  « Mon existence vagabonde
» Sur le crâne inspiré d'un fumiste d'esprit,
« Qui me menait partout où l'on aime, où l'on rit,
  « Et n'allait jamais dans le monde.

« Non! ce n'était pas lui qui m'aurait bichonné,
« Quand il perdait au jeu, souvent il m'a donné
  « Un renfoncement athlétique.
« Mais aussi point d'abus de pommade, et jamais
« Il ne m'avait soumis, ce brutal que j'aimais,
  « Au vil contact du cosmétique.

« J'étais vierge de brosse et j'allais avec lui,
« Non pas luisant, non pas lisse comme aujourd'hui,
  « Mais sale à réjouir les auges,
« D'une forme équivoque, aux plis irréguliers,
« Et les poils en arrêt, comme les sangliers,
  « Qui se hérissent dans leurs bauges.

« Je portais le blason du sieur Marmottini,
« Où les tons de la rouille et du macaroni
  « S'harmonisent; où se déploie
« Le tapis résistant de la crasse ; et surtout
« Pascal n'épargnait pas, lui qui savait mon goût,
  « Ces insectes qui font ma joie.

« Ah! je n'étais pas fait pour ce banal destin,
« D'être le couvre-chef d'un soigneux Philistin.
  « La nature m'a fait artiste.
« Je ne patientais dans ma captivité,
« Qu'en espérant toujours la grande volupté
  « De revenir à mon fumiste.

« Puisqu'il est là, laissez-moi donc, par charité,
« M'attacher à son front noblement fréquenté,

« Où m'attend toute une bohème,
« Et, quittant pour toujours ce brosseur acharné,
« Sur le cuir chevelu pour lequel j'étais né,
    « Recommencer mon beau poëme ! »
            (Le cadi fait un signe, le chapeau se tait.)
LE CADI.
C'en est assez, l'Esprit a prouvé ses mérites.
Je consigne ce fait au *Journal des Spirites*,
Et je vais en écrire au bon monsieur Sardou.

BARDINET.
Si je n'en suis pas mort, ah ! j'en deviendrai fou.
LE FUMISTE.
Bien dit !

LE CADI.
    Ces jugements rendus sans béotisme,
Font honneur à Thémis autant qu'au spiritisme.
ZOÉ, *à son mari*.
Eh bien, console-toi, Bastien. Tu n'es pas veuf ?
BARDINET.
Je ne pourrai jamais porter un chapeau neuf !

www.ingramcontent.com/pod-product-compliance
Lightning Source LLC
Chambersburg PA
CBHW060917050426
42453CB00010B/1775